SUR LES COLONIES,

PAR

LE CITOYEN GIRAULT,

EX-REPRÉSENTANT DES CÔTES DU NORD.

À PARIS,

DE L'IMPRIMERIE-LIBRAIRIE DU CERCLE SOCIAL,
rue du Théâtre-Français, n.° 4.

(1797)

SUR

LES COLONIES,

PAR le Citoyen GIRAULT (des Côtes-du-Nord) ex-Représentant;

Aux personnes clairvoyantes et affranchies de toute espèce d'intérêt personnel dans cette importante discussion.

QUESTION.

LES anciens propriétaires, les maisons de commerce de Bordeaux, de Nantes, le Havre, la Rochelle, etc., se coalisent en ce moment, pour le recouvrement et la conservation des Colonies Françaises. La marine militaire se joint à ces ardentes réclamations; mais des intérêts exclusifs et un esprit de corps sont le mobile secret et la raison suffisante des uns et des autres.

Les Colons ex-propriés ou émigrés se flattent

de rentrer dans leurs possessions, sans calculer les difficultés et les chances défavorables qu'ils auront à courrir.

Les négocians aspirent à conserver leur monopole; et la marine (semblable aux médecins qui spéculent sur le produit des épidémies) n'a en vue que l'avancement et les profits que lui promettent des guerres renaissantes.

On allègue, d'une part, (en faveur de la balance du commerce) les grands avantages de la réexportation de nos denrées coloniales; — on fait valoir l'activité qu'elles donnent à la culture, à l'industrie de la métropole; — les travaux et la subsistance qu'elles procurent à une multitude d'hommes employés à la construction, à l'équipement, à la conduite des vaisseaux; et, enfin, l'on prononce affirmativement que l'existence d'une marine est subordonnée à celle des colonies; tandis que la multitude, séduite par ces considérations imposantes, se passionne sur parole, et répète à l'unisson : Gardons les Colonies; sacrifions tout au rétablissement des Colonies.

J'abandonnerai ces assertions tranchantes et avanturées : je n'examinerai point si les vins, les eaux-de-vie, les huiles, les farines sur-tout (dans un état de choses qui n'existe plus) n'étoient pas arrachées, en quelque sorte, à la subsistance commune, pour alimenter le luxe de la cour, les jouissances et la sensualité d'une classe particulière de citoyens.

Je ne m'arrêterai point à considérer si ce que l'État a perdu par les guerres successives, dont les Colonies ont été, depuis un siècle, le théâtre et l'occasion, n'équivaut ou ne surpasse même pas la valeur numérique de nos prétendus bénéfices ; et mettant encore à l'écart la déperdition des hommes, par suite des naufrages, des maladies et la fortune des armes ; je me bornerai seulement à examiner si l'on peut, sans un extrême égarement, conclure ou induire quelque chose de l'état ancien, à celui que l'indépendance de l'Amérique anglaise, et notre propre révolution vient de substituer, tant dans les esprits, que dans les relations politiques et commerciales, entre les habitans de l'ancien et du nouveau monde.

J'observerai d'abord que nos colonies, ou envahies ou dévastées, et successivement déchirées par les blancs, par les gens de couleur et par les noirs, ont tendu constamment et uniformément, depuis l'origine de la révolution, vers le systême de l'indépendance.

J'observerai qu'il paroît impossible de les contraindre à l'observation des lois constitutionnelles, sans exposer les restes de notre marine, à peine suffisans à la protection de nos côtes ; — sans la condamner, en Europe, à une inaction aussi désastreuse qu'absolue ; — sans une immense dissipation de fonds, et sans verser des torrens de sang : d'autant plus encore qu'il sera aussi difficile de s'assurer de la fidélité des chefs, que de l'union et de la bonne intelligence (néanmoins si nécessaires) entre les autorités militaires et civiles, auxquelles on aura confié ces expéditions.

J'observerai qu'après les attrocités réciproques, exercées, depuis cinq années, dans ces malheureuses contrées, toute espèce de rapprochement est devenu désormais inespérable, entre les différentes castes d'hommes qui les habitoient. Mais en supposant un miracle, en admettant que l'habitude et les excès d'une licence effrénée, puissent être subitement comprimées, soit par la persuasion, soit par l'action d'une police répressive ; — En supposant enfin, les blancs définitivement et paisiblement rétablis sur leurs habitations, je demanderai aux partisans du système colonial comment et dans quelles bourses ils trouveront les facultés indispensables à la réconstruction de leurs ateliers, et au renouvellement des anciennes cultures ? — A quel prix enfin les exploitations (faites désormais par des mains libres) seront dans le cas d'élever les sucres, les cafés et les autres productions du sol? — Je les inviterai, sous ce nouveau rapport, au calcul de la nouvelle et excessive consommation de vins, de farine, etc., qu'entraîneront immédiatement six à sept cents mille nègres, qui ne consentiront plus à vivre de manioc. Et, en supposant que la France puisse suffire à cette extraction, sans s'affamer elle-même, l'on demandera, dans cet état de choses, en quels ports et en quels lieux de l'Europe nos denrées coloniales seront en état de soutenir la concurrence avec celles des étrangers, aussi long-tems que ces derniers auront la puissance de conserver la traite et de maintenir l'esclavage dans leurs Colonies?

Lorsqu'on sera parvenu, soit à écarter ces questions, soit à les résoudre, nous insisterons de nouveau pour savoir sur quoi reposera la garantie des retours et des importations exclusives de nos Colonies? Quelle sera la sûreté, pour les avances énormes, que le Gouvernement ou le commerce de France se seront trouvé dans la nécessité de leur confier? Quels moyens légaux et efficaces, surtout, nous resteront contre les entreprises et les succès de l'Interlope?

Ici les difficultés se multiplient. Car, supposé que vous reteniez le droit ou la faculté du commerce exclusif, vous violez la propriété (aux termes de la constitution) et vous vous mettez dans un état prochain, à peu-près continu, de guerre civile avec vos Colonies. — Si vous consentez à abandonner cette prétention, votre puissance coloniale n'offre plus qu'une bouffissure et une espèce de suzeraineté infiniment onéreuse à la Métropole, qui se sera appauvrie et compromise pour des fils ingrats ou des sujets rébelles.

En attendant que les partisans ou les intéressés à la conservation des Colonies soient parvenus à faire disparoître les inconveniens et les incertitudes résultans, tant de la nature et de l'état actuel des choses, que du caractère des hommes qui les habitent; en attendant qu'ils nous présentent des calculs qui n'aient rien d'illusoire; affranchis de prévention et de partialité, appuyés de moyens d'exécution simples et praticables, nous inclinerons à croire que le parti le plus convenable à la dignité, au repos ainsi qu'à l'intérêt général de la République, sera de renoncer à ses Colonies; soit comme parties intégrantes, soit comme soumises et subordonnées, et enfin sous tous autres rapports que ceux d'amies et d'alliées (1).

(1) Je ne saurois ignorer, que l'*art. 6*, *titre* I.er de l'acte

L'objet de ce mémoire est de démontrer que les Colonies dans l'état présent des choses et sous les rapports constitutionnels, ne peuvent qu'être infiniment préjudiciables à la Métropole, dans le cas même où leur aggrégation ne seroit pas devenue tout-à-fait inespérable.

Les motifs sur lesquels repose cette opinion, sont,

1°. Leur éloignement ; — la diversité, la versatilité même de leurs intérêts locaux ; — la lenteur et la difficulté des communications, susceptibles d'être à chaque instant interceptées, ne permettant point entre la Métropole et elle cet ensemble, cette

---

Constitutionnel se trouve formellement contraire à la mesure que je propose.

Je sais que la question ne peut être portée que dans une assemblée de révision, laquelle, aux termes du *titre 23, art. 338*, ne peut être convoquée qu'à la suite de trois provocations du conseil des Anciens, reproduites de trois en trois années. Mais tout en applaudissant à l'esprit qui a présidé à cette prescription, je hasarderai pourtant de demander, si, dans un cas d'intérêt capital, urgent et non prévu, dans un cas d'où dépendroit rigoureusement le sort de la Constitution et de la République elle-même ; j'oserai, dis-je, proposer, par forme de question, s'il ne seroit pas possible de revenir sur la durée du tems, éventuellement assigné, pour la convocation des assemblées de révision ; et, enfin, lequel devra obtenir la préférence ou du mot sur la chose, ou de la chose sur le mot ? Après quoi, je promets de me soumettre à la sublimité de notre métaphysique législative.

continuité, cette identité de vues, ce concert d'opérations, cette réciprocité, cette rapidité d'assistance et de moyens existans entre les départemens continentaux, dont le contact immédiat constitue la force et l'indissolubilité;

2°. En ce que les factions auxquelles elles ont été successivement abandonnées, ont uniformément tendu et aspiré séparément à l'indépendance, dont il ne paroît pas présumable de les engager ni de les contraindre à se départir.

3°. En ce qu'il ne sera plus possible à la Métropole de subvenir à l'excessif accroissement de consommation de six à sept cent mille noirs, qui prétendront, avec l'air et les prérogatives de la liberté, partager le vêtement et la nourriture des hommes libres. — En ce que le prix du travail et des exploitations devant nécessairement quadrupler ou quintupler celui des productions, va nous interdire la concurrence dans tous les marchés de l'Europe, avec les sucres et les cafés des Nations, chez lesquelles la traite et l'esclavage n'auront point été abolies : d'où la surabondance et l'engorgement de nos magasins, de tout ce qui excédera nos consommations ordinaires; — d'où l'avilissement de la denrée, la ruine subite et inévitable des négocians, et la cessation de nos rapports commerciaux avec les Colonies, qui entraîne évidemment celle des autres rapports politiques et civils.

4°. En ce que, abstraction faite de ces inconvéniens, pris dans la nature même du régime constitutionnel, étendu à nos Colonies, il faudroit s'arrêter à ceux qui dérivent du caractère des hommes mêmes et de la mobilité de leurs idées.

Il faudroit pouvoir assigner d'avance quels pourront être le terme et l'issue des agitations qui ne sauroient manquer de se reproduire entre les diverses espèces d'hommes tygres, qu'on se propose de réunir sur le sol circonscrit de nos îles d'Amérique ; il faudroit pouvoir s'assurer à-la-fois des moyens de la capacité et surtout de l'impartialité des agens du Gouvernement ; du dégré d'intérêt que pourront avoir les étrangers à la propagation de ces désordres ; et enfin en dernier résultat, quels seront les effets du contre-coup, à l'égard de la fortune publique et de celles des particuliers ?

Voilà ce que j'avois à dire sur les Colonies ; qui, si je ne m'abuse obtiendra la plus scrupuleuse attention du Corps législatif à qui je le soumets. Il se tiendra en garde contre les intrigues ou les illusions de l'intérêt particulier ; — contre la tyrannie de l'éloquence ; contre les assertions présomptueuses. Il mettra enfin les hommes et leurs raisonnemens à l'écart, pour ne voir que ce qui se trouvera exister réellement et actuellement de la part des choses, et pour calculer les effets qu'on en doit attendre, suivant l'ordre commun des probabilités.

SUPPLÉMENT.

Admettons un moment la séparation consommée entre la République et ses Colonies.

Supposons que chacune d'elle s'isole, ou qu'elles réussissent à former une espèce de fédération, la République dans l'un et l'autre cas, conserve la faculté de contracter avec elles, comme avec des puissances alliées, des relations de commerce qu'elle pourra désormais étendre ou restreindre d'une manière assortie à la somme de ses besoins, ainsi qu'à la faveur éventuelle des circonstances : ce qui n'entraînera de sa part, ni avances de fonds, ni frais de protection ou d'administration; ni surveillance, toujours insuffisante contre l'infidélité des Colons, ni croisières contre les Interlopes ; et par conséquent aucunes chances de troubles, de scissions ou de guerres étrangères.

Supposons à présent que les Colonies se donnent à l'Espagne, à l'Angleterre ou au Diable, la République n'en conservera pas moins le débouché pour ses vins, ses huiles, ses eaux-de-vie; pour la surabondance de ses farines, etc., aussi longtems que l'étendue ou la température du sol des nouveaux possesseurs, se refusera, soit à la qualité, soit à la quantité de leurs consommations.

Quant aux objections véritablement imposantes, relatives à l'existence et à l'entretien de notre marine militaire, que l'on suppose exclusivement liée à la conservation des Colonies, le Gouvernement aura entre ses mains, la faculté de suppléer au vide de cette navigation, en présentant des directions nouvelles à l'activité de nos négocians.

La pêche de Terre-Neuve, languissante, par défaut d'encouragement, celles du hareng et de la baleine, presque abandonnées; les relations directes avec la Baltique, trop long-tems négligées; des relations plus suivies et plus étendues dans les mers du Levant, protégées par des escortes, et soutenues par un acte de navigation rigoureusement maintenu. Le mouvement journalier du grand et du petit cabotage, sur l'immense étendue de côtes, que la réunion de la Belgique, l'alliance avec la Hollande et l'indépendance de l'Italie nous assure; — De nouvelles conventions à se procurer avec l'Espagne, le Portugal et les Etats-Unis, et enfin les expéditions des sociétés ou compagnies libres dans les mers d'Orient à la Chine, etc., jointes à la nature de celles que la nouvelle organisation de nos Colonies nous permettra de conserver ; cette foule de moyens réunis, qu'un Gouvernement vigoureux et respecté au dehors, est le maître de resaisir et d'étendre à son gré, assurent, à ce qu'il semble, un dédomagement et des compensations suffisantes aux spéculations du commerce; à l'industrie, à l'activité des ports et des ateliers; à l'emploi ainsi qu'à la circulation rapide des capitaux. Ils multiplieront nécessairement cette classe si intéressante et si utile de matelots, d'officiers de tout grade, et de pilotes pratiques, et fourniront ainsi (dans les cas de guerre) à la marine nationale, une abondance de sujets expérimentés, des équipages exercés et endurcis aux fatigues de la mer, au lieu de cette caste orgueilleuse, oisive, exclusive et insubordonnée, que la pusillanimité de l'ancien régime présentoit depuis un siècle, à l'humiliation et aux outrages de nos ennemis, sous le nom aussi imposant que fastueux de Marine-Royale.

S'il est donc vrai que ces moyens existent; s'ils sont tous entiers à notre disposition ; si le Gouvernement est le maître de leur donner l'impulsion qu'il jugera convenable, il résulte qu'on se seroit étrangement abusé, en affirmant, comme on l'a fait à la tribune, qu'abandonner les Colonies, seroit ruiner la marine et renoncer à toute prétention comme à toute possibilité d'entretenir une puissance navale, capable de protéger la liberté des mers, et d'en partager l'empire.

www.ingramcontent.com/pod-product-compliance
Lightning Source LLC
LaVergne TN
LVHW020500230826
846091LV00008BA/3292
* 9 7 8 2 0 1 1 7 4 8 7 0 6 *